Sehnsucht nach Licht

DIE MÖNCHE VON MESCHEDE
HANS - GÜNTHER KAUFMANN

Sehnsucht nach Licht

PATTLOCH

Quellennachweis

Der Verlag dankt für die Erteilung der Abdruckgenehmigung:

Die Schrift. Verdeutscht von Martin Buber gemeinsam mit Franz Rosenzweig. Bd. 1-4.
Verlag Lambert Schneider, Gerlingen.

Walter Jens
Die Zeit ist erfüllt. Die Stunde ist da. Das Markus-Evangelium.
© Radius Verlag, Stuttgart 1990.

Walter Jens
Und ein Gebot ging aus. Das Lukas-Evangelium.
© Radius-Verlag, Stuttgart 1991.

Walter Jens
Am Anfang: Das Wort. Das Johannes-Evangelium.
© Radius-Verlag, Stuttgart 1993.

Walter Jens
Das A und das O. Die Offenbarung des Johannes.
© Radius-Verlag, Stuttgart 1987

Nelly Sachs
Aus: Fahrt ins Staublose. Die Gedichte der Nelly Sachs.
© Suhrkamp Verlag Frankfurt am Main 1961, S. 138, 210, 79, 312

Die Deutsche Bibliothek – CIP-Einheitsaufnahme

Sehnsucht nach Licht / Die Mönche von Meschede.
Hans-Günther Kaufmann. – Augsburg : Pattloch, 1996
ISBN 3-629-00106-8
NE: Kaufmann, Hans-Günther [Ill.]; Benediktinerabtei Königsmünster
<Meschede>

Gedruckt auf umweltfreundlich chlorfrei gebleichtem Papier.

Pattloch Verlag, Augsburg

Photographie: Hans-Günther Kaufmann, Miesbach
Graphische Gestalung: Benjamin Kaufmann, Miesbach
Gesetzt aus 13/17 pt Rotis Sans Serif Light, Weltbild Verlag, Augsburg
Reproduktionen: litoservic, Bozen
Druck und Bindung: Uhl, Radolfzell am Bodensee
Printed in Germany

ISBN 3-629-00106-8

Inhalt

„Lauft, solange ihr das Licht des Lebens habt, damit euch die Finsternis des Todes nicht überwältigt."

Prolog der Benediktsregel
(5./6. Jahrhundert)

Liebe Leserin, lieber Leser!

Im Prolog, der Einleitung seiner Regel motiviert Benedikt von Nursia seine Mönche, ihr Leben sinnvoll zu gestalten. Er ruft sie aus ihrer Schläfrigkeit heraus:

> *Stehen wir doch endlich einmal auf!*
> *Die Schrift rüttelt uns wach und ruft:*
> *‚Die Stunde ist da, vom Schlaf aufzustehen.'*
> *Öffnen wir unsere Augen dem göttlichen Licht ...*

Menschen, die das Leben lieben und es gestalten wollen, schenkt das göttliche Licht eine neue Perspektive und eine befreiende Sicht der Dinge. Gegen die Finsternis, die sich so leicht in den Herzen von Mönchen und Menschen ein Übermaß an Platz erobern will, setzt Benedikt mit seiner Regel das offene Auge und das wache Herz. Ein kritischer Blick und ein nachdenkliches Lauschen – zwei Grundzüge des klösterlichen Lebensentwurfes.

Vor dem Hintergrund dieses Lebensentwurfes und ihrer ganz persönlichen Weise, nach ihrem Gott des Lebens zu suchen, haben meine Brüder, Mönche der Benediktinerabtei Königsmünster in Meschede, die Texte dieses Buches geschrieben. Persönliche Erfahrungen und der intensive Umgang mit Poesie, Liturgie, Heiliger Schrift und anderen Religionen haben die Texte geprägt. Sie werden zusammengehalten durch die Frage nach dem „Licht des Lebens", die als Antwort in sich ein Wort Jesu in der Bergpredigt birgt:
„Ihr seid das Licht der Welt!"
Wer sich vom „göttlichen Licht" die Augen öffnen und erhellen läßt, der trägt dieses Licht zu den anderen Menschen in die Welt hinein. Ein Anspruch an jeden Einzelnen, aber auch ein Zuspruch: Niemand muß allein aus sich selbst heraus leuchten. Jeder darf vertrauen auf den Beistand und die Zusage des Schöpfers der Welt, den Urquell allen Lichtes.

Abt Stephan Schröer OSB

Vom paradoxen Licht

Eine Betrachtung

Wie sehr wir in Symbolen denken, belegen manche Redensarten. Ich sage zum Beispiel: „Da ist mir ein Licht aufgegangen!" Und meine: ich habe einen Sachverhalt begriffen, mir ist eine Erkenntnis zugefallen. Wenn ich zu einem sage: „Steck Dir ein Licht auf!", dann empfehle ich ihm, seinen Verstand zu gebrauchen oder über sein Problem nachzudenken, damit Klarheit werde.

Sehen wir unseren Lebensweg als ein Gleichnis für eine Pilgerreise, dann steht am Ende das Symbol des Lichtes, dem wir entgegengehen. So ist es nicht verwunderlich, daß letzte Worte von Sterbenden oft das Bild des Lichtes entfalten.

Die letzte Tagebuchaufzeichnung Thomas Manns, vom 29. Juli 1955, enthält den Satz: „Langsam wird es sich lichten". Er läßt an die letzten Worte Goethes denken: „Mehr Licht!" Vielleicht ist die Sehnsucht nach Klarheit, nach mehr Erkenntnis, nach Gewißheit, nach „Licht" in jedem Menschen.

Verstehe ich meinen Lebensweg als eine Pilgerreise zum ewigen Licht, so weiß ich: Auf diesem Weg gibt es Strecken, die im Dunkeln zurückgelegt werden müssen – ganz gewiß das letzte Stück: das Sterben. Das Sterben steht aber nicht am Ende des Weges, Sterben beginnt jetzt:

Wenn eine lang gelebte Freundschaft
zerbricht –
die zurückbleibenden Scherben verletzen –,
dann erlebe ich im Ankämpfen gegen
die schmerzende Dunkelheit Sterben.
Wenn ich der Einsicht nicht zustimme,
daß die Grenzen meines Lebensbereiches
eng sind,
dann erlebe ich Sterben.
Wenn mir Unrecht zugefügt wird und ich in
Unbeherrschtheit abzustürzen drohe –
im Mühen um mein Gleichgewicht –,
dann erlebe ich Sterben.
Wenn ich anderen Unrecht zufüge und
Schuld sich einnistet –
im Weglaufen vor meinem Schatten –,

dann erlebe ich Sterben.
Wenn mein Suchen nach Zuneigung scheitert,
das Alleinsein mich erblinden läßt,
dann erfahre ich Dunkelheit als Sterben.

In jeder bedrohlichen Dunkelheit steckt die Chance zum Licht:
Alleinsein kann zur erhellenden Einsamkeit führen. Der mich bedrohende Schatten kann die Hinwendung zum Licht bedeuten. Vertrauen kann mich noch im Abstürzen auffangen. In der Enge meiner Begrenzung kann ich Fenster und Türen entdecken, und die vernarbenden Wunden können mir Heil und Zukunft schenken.
Auf meinem Lebensweg erfahre ich Gott als Licht, Gott in Herrlichkeit, aber auch Gott verborgen in der Wolke, Gott als Dunkelheit. Ist Gott beides?
Gott werden – nach einer alten Tradition – drei Farben zugeordnet: Grün, Gold und Schwarz. Die Farbe Grün betont das Schöpferische, das Werden und Wachsen; sie versinnbildlicht das Leben. Das Leben spendende, Leben erhaltende Grün ist eine Botschaft aus dem Paradies.
Mit Gold wurde von den Malern des Mittelalters der Grund gestaltet, vor dem sie die Ereignisse der Heilsgeschichte abbildeten. Gold als Ahnung der Ewigkeit, als Zeichen des Himmlischen. Mit Gold wurde ein Schimmer der Herrlichkeit des Herrn ins Bild gebracht, die einbricht und verwandelt. In der Ikonenmalerei gilt Gold als die geistige Dimension, sie ist ganz dem Heiligen verbunden.

Schwarz ist die Farbe des göttlichen
Geheimnisses.
Schwarz ist die Farbe der Wesentlichkeit.
Schwarz ist der Mantel um alles Nichtwissen.
Schwarz ist nicht Leere,
Schwarz ist Eintauchen in die Stille.
Schwarz ist die Farbe, die sich nur den
Geduldigen erschließt.

Das, was wir über Gott nicht wissen, übersteigt um ein Vielfaches das Wenige, das wir über ihn wissen. Das ist eine der wichtigsten Erkenntnisse des großen Kirchenlehrers Thomas von Aquin.
Die Israeliten wurden auf ihrer Wanderung in das Gelobte Land von einer Wolke begleitet, in der sich Gott verbarg. In diese bedrohliche Wolke schickten sie Mose, auf den Berg Sinai, denn sie hatten Angst, in sie hineinzugehen. Die Israeliten erfuhren die Wolke als Gottes Nähe, aber auch gleichzeitig als eine geheimnisvolle Distanz zu ihm.
Der Prophet Elija durfte das Angesicht Gottes nicht schauen. Er erlebte ihn nicht im Erdbeben, nicht im Sturm, nicht in Blitz und Donner, sondern im sanften Säuseln des Windes; das heißt: in der Stille, im Verborgenen, im Nicht-Sehen, im Dunkeln.
Seit Jahren geht mir ein Gedicht von Günter Eich nicht aus dem Sinn. In der Erinnerung hielt ich es so fest:

Schließe die Augen.
Was du dann siehst,
Gehört dir.

Wenn ich beim kontemplativen Gebet die Augen schließe, in der Dunkelheit verharre und in die Stille eintauche, dann befinde ich mich in einem Raum intensiven Lebens. Ich sehe nichts, aber ich weiß: Jetzt und hier bin ich ganz Mensch.

Gott ist heute eher im Dunkeln als im Licht erfahrbar. Glauben stellt sich eher als tastendes Suchen dar als in geschauter Herrlichkeit.

Der Heilige Johannes vom Kreuz spricht von der dunklen Nacht der Seele und meint: Aufgeben und Loslassen sind wichtig, nicht Trost und Sicherheit. Könnte es nicht sein, daß wir vom göttlichen Dunkel getroffen werden, wenn wir in die Wolke, ins Dunkel hinein gehen, wenn wir uns dem Geheimnis des Glaubens überlassen?

Könnte es nicht sein, daß gerade dieses Dunkel die göttliche Verheißung birgt, die uns verwandelt, wenn sie die Nacht unseres Nichtwissens berührt?

Könnte es nicht sein, daß diese Dunkelheit als göttliches Licht erfahrbar wird und uns trägt?

Licht und Dunkelheit in den Religionen der Welt

Der große Kontrast zwischen Licht und Dunkelheit, ihrem lebensfördernden oder -hemmenden Einfluß auf alles Leben, hat zu allen Zeiten und in allen Regionen der Erde tiefe Spuren in der Seele des Menschen hinterlassen, der das Licht des Morgens als Ende der nächtlichen Unheimlichkeit begrüßte. So heißt es in einem altindischen Gesang an Usas, die Göttin der Morgenröte:

Dies schönste Licht der Lichter ist gekommen;
ihr prächtiger Vorbote ward geboren,
sich ausbreitend, erhebt euch,
der Geist des Lebens ist uns zurückgekehrt,
es wich das Dunkel, das Tageslicht bricht an.
Der Sonne hat sie freie Bahn
zum Wandel gemacht.
Die Stunde ist gekommen,
wo man ein neues Leben beginnt.
Die Mutter der Götter, das Ebenbild der Aditi,
des Opfers Wahrzeichen leuchtet hoch auf,
unserem Gebet Ehre machend gehe auf
und mache uns unter den Leuten bekannt,
du Allbegehrte.
Aller Kreaturen Odem und Leben ist in dir,
wenn du aufgehest, du Edle.
Wenn du heute, o Usas, mit deinem Strahl
das Himmelstor aufschließest,
so gewähre uns, o Göttin, deinen sicheren
breiten Schirm und rinderreiche Gabe!

Weil das Licht aus dem Dunkel hervorzugehen scheint, ist die Vorstellung einer uranfänglichen Dunkelheit weit verbreitet. Ein Grund für die Finsternis des Uranfangs ist in manchen Mythen die enge Einheit von Himmel und Erde, die erst durch Kinder, Götter, einen Himmelsvogel, eine Schlange oder Bäume voneinander getrennt wurden, so daß Luft und Licht dazwischen gelangen und den Raum erfüllen konnten. Weil am Anfang der Zeit die Nacht stand, werden auch die Nächte, nicht die Tage gezählt, und beginnt der

Tag am Vorabend mit Einbruch der Dunkelheit. Das ist noch heute von großer Bedeutung für die liturgischen Kalender der Juden und der Christen.
In einigen Fällen geht aber das Licht der Dunkelheit voran oder ist nach der Schöpfung die Finsternis unbekannt, bis die Folge von Tag und Nacht eingerichtet wird. In einem makedonischen Märchen sind alle Geschöpfe der Sonne so dankbar für Licht und Wärme, daß sie die Sonne mit einer Gemahlin belohnen wollen. Der Löwe aber warnt davor, da im Falle von Kindern unzählige Sonnen die Erde verbrennen würden. Deshalb nehmen die Lebewesen von ihrem Angebot Abstand. Erbost darüber versteckt sich die Sonne im Meer, so daß überall Finsternis herrscht. Erst das Huhn kann die Sonne wieder hervorlocken, indem es sie vom Unglück der Ehe überzeugt. Darum steigt bis heute die Sonne jeden Morgen aus dem Meer hervor, um am Abend wieder in ihm zu verschwinden.
Wenn das Licht geschaffen wird, dann steht dieser Schöpfungsakt oft im Zusammenhang mit der Erschaffung der Gestirne, besonders von Sonne und Mond, die als erste Lichter gelten. Deshalb ist oft nicht zwischen Verehrung des Lichtes, der Sonne und anderer Gestirne, die auch oft als Götter verehrt werden, zu unterscheiden.
In den Kulturen des Alten Orients waren Sonne und Mond von großer Bedeutung. Während in Babylon der Mondgott Sin als Vater des Sonnengottes Schamasch und der Vegetationsgöttin Ischtar besonders verehrt wird, spielt im offiziellen Kult Ägyptens die Verehrung des Sonnengottes Amun-Re die größte Rolle. Den höchsten Ausdruck des Sonnenkultes ist der nur kurze Zeit währende monotheistische Staatskult Echnatons, in dessen Sonnenhymnus sich folgende Verse finden:

Du erscheinst schön im Lichtort des Himmels,
lebendige Sonne, die das Leben bestimmt.
Du bist im östlichen Horizont aufgegangen
und hast jedes Land erfüllt
mit deiner Vollkommenheit.
Du bist schön und groß, glänzend und hoch
über jedem Land.
Deine Strahlen umarmen die Länder bis
zu den äußersten Grenzen alles dessen,
was du geschaffen hast.
Du bist Re, du erreichst ihr Ende
und bezwingst sie für deinen geliebten Sohn.
Wenn du auch fern bist, sind doch deine
Strahlen auf Erden.
Du bist im Angesicht des Menschen, und
doch kann man deinen Weg nicht ergründen.
Wenn du zur Ruhe gehst im westlichen
Horizont, ist die Erde in Dunkelheit,
gleichsam tot.
Die Schläfer sind in ihrer Kammer,
die Häupter verhüllt,
und kein Auge sieht das andere.
Im Morgengrauen, wenn du dich
im Horizont erhebst, vertreibst du
die Finsternis und verschenkst deine Strahlen.
Die beiden Länder sind in Feststimmung.
Die Menschen erwachen,

stellen sich auf ihre Füße,
denn du hast sie aufgerichtet.
Sie waschen ihren Leib,
nehmen ihre Kleidung.
Sie erheben ihre Arme in Anbetung
ob deines Aufgangs.
Das ganze Land, es tut nun seine Arbeit.
Wie zahlreich sind doch deine Werke,
dem Blick der Menschen verborgen,
du einziger Gott,
außer dem es keinen anderen gibt!
Du hast die Erde nach deinem Willen
geschaffen, du allein, mit Menschen,
Vieh und allem Getier,
alles, was mit Füßen auf Erden geht,
alles, was oben mit Flügeln fliegt,
auch die Fremdländer Syrien und Nubien
und das Land Ägypten.
Du bist in meinem Herzen, es gibt keinen,
der dich kennt außer deinem Sohn.
Die Welt befindet sich auf deiner Hand,
wie du sie geschaffen hast.
Wenn du aufleuchtest, so leben sie,
wenn du untergehst, so sterben sie.
Du bist die Lebenszeit selbst,
man lebt durch dich.

Den Gegenpol zu dieser hellen Lichtwelt des Sonnengottes bildet die dunkle Unterwelt. Die Konkurrenz dieser beiden Bereiche, die im babylonischen Mythos im Kampf und Sieg des höchsten Himmelsgottes Marduk über den Unterweltdrachen und die Chaosmacht Tiamat dargestellt wird, entspricht dem täglichen Wechsel von Nacht und Tag und dem jahreszeitlichen Wechsel von Frühling/Sommer und Herbst/Winter; dem Gegensatz von hellen und dunklen Zeiten. Waren diese Bereiche ursprünglich streng voneinander getrennt, so kam es in späterer Zeit zu Vermischungen zwischen den himmlischen und den unterirdischen Reichen. So fährt Osiris, der Gott der Unterwelt, zum Himmel auf und Amun-Re, der Sonnengott, durchquert jede Nacht die Unterwelt und erweckt die Toten zu neuem Leben. Der Eingang in diese Unterwelt lag sowohl in Babylon als auch in Ägypten im Westen, dort, wo die Sonne untergeht. Auch die babylonische Himmelskönigin und Fruchtbarkeitsgöttin Ischtar fährt zu einem Besuch ihrer Schwester Ereschkigal, der Königin der Unterwelt, hinab in die dunkle Unterwelt:

Zum Land ohne Wiederkehr,
dem Reich der Ereschkigal,
richtete Ischtar, die Tochter des Sin, ihren Sinn,
wahrlich, die Tochter des Sin richtete
ihren Sinn zu dem düsteren Haus,
der Wohnung der Ereschkigal,
zum Haus, dessen Bewohner des Lichtes
beraubt sind,
in welchem Staub ihre Kost
und Erde ihre Nahrung ist,
wo sie kein Licht sehen
und in Finsternis verweilen ...

Ursprünglich war mit der Unterscheidung zwischen himmlischen, lichten Göttern, die oft mit den Gestirnen verbunden werden, und unterirdischen, dunklen Göttern keine ethische Wertung verbunden. Doch so wie die Sonne, die über allem scheint, alles sieht, so wurde auch dem Sonnengott ähnliches unterstellt und er als Hüter der Gesetze, Verträge und Gerechtigkeit anerkannt.

Die Götter und Dämonen des Todes und des Bösen wurden dagegen mit der Finsternis in Verbindung gebracht, weil die Dunkelheit der Nacht nicht nur auf Kinder eine bedrohliche Wirkung ausübt: Die Furcht vor der Finsternis und den unheimlichen Stimmen der Nacht ist ein weitverbreitetes Phänomen. Selbst Gottheiten, die mit der Nacht in Zusammenhang stehen, und nichts mit bösen Mächten zu tun haben, wird eine unheilvolle Kraft unterstellt.

In der griechischen Religionsgeschichte hat sich das Verhältnis der Gläubigen zu den zwei Gruppen der Götter, den himmlischen und den unterirdischen, immer wieder verändert. So gab es in der Frühzeit viele heilige Orte, die als Eingänge zum Hades, dem Schattenreich, verehrt wurden. Viele der traditionellen Orakel, so auch das berühmte Orakel von Delphi, waren mit solchen Stätten verbunden. Im Laufe der Zeit gingen die meisten dieser heiligen Orte aber in den Besitz der lichteren Götter über. So verdrängte in Delphi die Verehrung des lichtstrahlenden Apoll den Kult der dunklen Erdgottheit Gaia.

Neben den himmlischen Lichtquellen ist aber auch die irdische Lichtquelle, das Feuer, von großer Bedeutung. In der griechischen Mythologie war es ursprünglich nur den Göttern vorbehalten, bis Prometheus es einen eigenen Geschöpfen, den Menschen, anvertraute – und anschließend bitter für diesen Feuerraub büßen mußte. Dennoch sind einige Gottheiten dem irdischen Feuer verbunden, besonders erwähnt seien Hephaistos, der göttliche Schmied, und Hestia, die Hüterin des häuslichen Herdfeuers.

Im antiken Rom wurde diese Göttin unter dem Namen Vesta verehrt. So wie in jedem Haushalt die Vesta durch die Hausherrin und die jungfräulichen Töchter verehrt wurde, so beobachteten ausgewählte Jungfrauen, die Vestalinnen, peinlich genau den Dienst am Vestatempel, dessen runde Form an die altrömischen Häuser erinnert und in dessen Mitte als Zeichen der Göttin das ewige Feuer verehrt wurde.

Die Wertschätzung von Feuer und Licht in den Religionen der Welt zeigt sich an der Aufstellung von Lampen und Kerzen in Tempeln, auf Altären, an Gräbern, vor heiligen Bildern und bei Prozessionen; an den ewigen Lichtern, angefangen bei dem siebenarmigen Leuchter im Jerusalemer Tempel bis zur ständig brennenden Flamme am Grab des Unbekannten Soldaten; an dem Entzünden von Feuern und Fackeln bei feierlichen Gelegenheiten und nicht zuletzt an religiösen Festen, die dem Licht gewidmet sind: die germanischen Sonnwendfeste, das christliche Weihnachten und Ostern, das jüdische Chanukkafest, das hinduistische Divalifest und die Neujahrsfeste Asiens.

Doch trotz aller künstlichen Beleuchtung bleibt der regelmäßige Wechsel von Tag und Nacht, von Licht

und Dunkelheit eines der eindrücklichsten und grundsätzlichsten Gegensatzpaare in der Welterfahrung des Menschen. Sehr häufig wurde dieses Gegensatzpaar mit anderen Paaren in Beziehung gebracht, so daß sich zwei Gruppen ergeben:

Licht – Tag – Wärme – Leben – Freude – Geist – gut – göttlich – männlich ...
Dunkelheit – Nacht – Kälte – Tod – Schrecken – Materie – dämonisch – weiblich.

So entspricht in der Lehre des Zarathustra der Gegensatz von Licht und Dunkelheit dem ständigen aussichtslosen Kampf von Angra Mainyu, dem Herrscher der Finsternis, gegen Ahura Mazda, den Gott und Schöpfer des Lichtes. Während Ahura Mazdas eigentliche Gestalt Feuer und Sonne sind und sein Wohnort das „endlose Licht" ist, herrscht Angra Mainyu in der Hölle, der „Dunkelheit ohne Anfang", deren Kennzeichen die Finsternis ist. Dieser dauernde Kampf von Licht und Finsternis gab Anlaß zu philosophischen

Spekulationen, die sich schließlich zur Frage nach dem Verhältnis von Gut und Böse ausweitete und verschiedene gnostische Systeme beeinflußte. Allen Strömungen der Gnosis ist der radikale Dualismus gemeinsam. Nur die „Auserwählten" erkennen die dualistische Grundstruktur der Welt und überwinden sie durch den Erwerb göttlichen Wissens. Da die Blüte der Gnosis im 2. Jahrhundert mit dem Beginn der christlichen Theologie zusammenfällt und zu einer wesentlichen Herausforderung der frühen Kirche wurde, wundert es nicht, daß sich Ähnlichkeiten mit gnostischen Vorstellungen auch in der christlichen und in der jüdischen Mystik finden. Die Lichtsymbolik vor allem des Manichäismus, einer im 3. Jahrhundert von dem Perser Mani gestifteten dualistischen Religion, wirkte tief in den asiatischen Raum, so daß es nicht unwahrscheinlich ist, daß einige Formen der buddhistischen Lichtsymbolik hiervon beeinflußt sind. Auch im chinesischen Glauben finden sich zwei Grundprinzipien; sie durchdringen die ganze existierende Welt: „Yin", das den Bereich des Dunklen und Dämmernden bezeichnet, und „Yang", dem die Region des Lichtes zugeordnet wird. Dabei gibt die chinesische Weltsicht dem Licht den Vorzug vor der Dunkelheit. So werden die beiden ineinandergreifenden Ringscheiben, die oft in jungsteinzeitlichen Funden begegnen, häufig als ein Sonnensymbol interpretiert. Die Sonne gilt als Quelle der Helligkeit; in ihr ist das männliche Prinzip des Kosmos, das „Yang" verkörpert. Der Mond hingegen ist die Verkörperung des weiblichen Prinzips, des „Yin". Wie in Persien gewann dieser Dualismus auch in China eine ethische Dimension; dieses Prinzip wird zum Symbol für eine lichte und klare Geisteshaltung, für die Tugend der Wahrhaftigkeit. Mit dem Verblassen des alten Götterglaubens und dem wachsenden Einfluß philosophischer Lehren wurde auch im alten Griechenland das Licht zum Symbol für geistige und moralische Fähigkeiten. Der Gegensatz von Licht und Dunkelheit entsprach verschiedenen Graden intellektueller oder ethischer Reinheit. In den mystischen Lehren wurden diese philosophischen Vorstellungen mit dem Konzept eines Aufstiegs der Seele von einem niederen, materiellen zu einem höheren, geistigen Zustand verglichen. Dieser Weg der Erleuchtung steht dann im Zentrum mystischer Lehren und gnostischer Spekulationen.

In der Mystik spielt die Erfahrung und die Symbolik von Licht eine große Rolle. Ein bekanntes Beispiel ist die kosmische Vision des Hl. Benedikt, von der uns Papst Gregor in seinen Dialogen (II. Buch) berichtet: Benedikt „stand am Fenster und flehte zum allmächtigen Gott. Während er mitten in dunkler Nacht hinausschaute, sah er plötzlich ein Licht, das sich von oben her ergoß und alle Finsternis vertrieb. Es wurde so hell, daß dieses Licht, das in der Finsternis aufstrahlte, die Helligkeit des Tages übertraf. Etwas ganz Wunderbares ereignete sich in dieser Schau, wie er später selbst erzählte: Die ganze Welt wurde ihm vor Augen geführt, wie in einem einzigen Sonnenstrahl gesammelt". In der Schau dieses österlichen Lichtes am Ende seines Lebens wurde, wie Gregor den Diakon Petrus belehrt, die Seele Benedikts über sich

selbst hinausgehoben und in Gott entrückt: „Die Seele des Schauenden wird über sich selbst hinausgehoben. Wenn das Licht Gottes sie über sich selbst hinausreißt, wird sie in ihrem Innern ganz weit". Während in der christlichen Mystik dieses Licht ein Geschenk Gottes ist, wird im Hinduismus, in den Upanischaden, den mystischen Geheimlehren des alten Indien (um 600 v. Chr.), das innere Selbst, der Atman, als Licht verstanden. So belehrt der weise Yajnavalkya in der Brihad-Aranyaka-Upanischade den Fürsten Janaka:

Wenn aber die Sonne untergegangen ist,
wenn der Mond untergegangen ist,
wenn das Feuer erloschen ist
und die Stimmen schweigen,
was dient dann dem Menschen zum Licht?

Der Atman, Großkönig, dient dem Menschen
als Licht, mit dem Atman als seinem Licht
sitzt er, geht er umher, verrichtet er sein Werk,
kehrt er zurück.
Welcher Atman ist das?

Der innere Mensch,
der unter den Lebenshauchen,
der nur aus Erkennen bestehende,
das Licht im Herzen ist.

Doch bei aller Wertschätzung des Lichtes muß im Kontext der Mystik auf eine paradoxe Erscheinung aufmerksam gemacht werden: die Lehre von der mystischen Dunkelheit oder der finsteren Nacht der Sinne und des Geistes bei Johannes vom Kreuz. Gregor von Nyssa bringt diese auf die paradoxe Formel „Gottes Licht ist das verborgene Dunkel" derzufolge Gott in einer dunklen, aber sich enthüllenden und gewissen Gegenwärtigkeit der Seele nahe ist. Diese ist „umgeben von der göttlichen Nacht, während der Bräutigam naht, doch sich nicht zeigt". Hier vollzieht sich die liebende Vereinigung der Seele mit Gott.

Ähnliche Vorstellungen einer sich dem Begreifen entziehende letzte Wirklichkeit finden sich auch in hinduistischen und buddhistischen Lehren, besonders im Zen-Buddhismus. Dabei ist zu beachten, daß die mystische Rede von Licht und Dunkelheit kein dualistisches, sondern ein dialektisches Verhältnis kennzeichnet, um auf diese Weise die unbeschreibliche Natur der unio mystica des Menschen mit dem „ganz anderen" zu beschreiben.

Heilige, das heißt Menschen, die sich ganz dem Bemühen um diese Einung gewidmet haben, werden in vielen Religionen mit Licht und Lichtsymbolen (Strahlenkranz, Heiligenschein, Nimbus, Mandala) verbunden. Im Mahayana-Buddhismus ist die Lichtheit seiner Erscheinung eines der Hauptmerkmale eines Buddha. Bei seiner Geburt leuchtet fünffarbiges Licht auf und aus seinem Leichnam brechen Flammen hervor. Auch die Geburt von taoistischen Heiligen und Weisen ist oft von Lichterscheinungen begleitet. Im Himmel des „Buddha des unbegrenzten Lichtes", des Amitabha-Buddha, strahlen zwei Buddhas Licht über dreitausend große Welten aus. Der Buddha Maha-

vairocana, „Der Große Erleuchter", der im Zentrum der meisten tibetischen Mandalas erscheint, ist für viele buddhistische Sekten die höchste Wirklichkeit. Im japanischen buddhistisch beeinflußten Shintoismus wird er mit der alten japanischen Sonnengöttin Amaterasu identifiziert: die höchste Wirklichkeit also als lichtspendend und erleuchtend.

Doch wer kann mehr erleuchten und erhellen als das Licht selbst, so heißt es in der 24. Sure des Koran (al-Nur/Das Licht):

Gott ist das Licht der Himmel und der Erde.
Sein Licht ist einer Nische vergleichbar,
in der eine Lampe ist.
Die Lampe ist in einem Glas.
Das Glas aber ist, als wäre es
ein funkelnder Stern....
Gott führt zu seinem Licht,
wen er will, ...
Und wem Gott kein Licht verschafft, für den
gibt es kein Licht.

Licht der Bibel

Im Anfang schuf Gott den Himmel
und die Erde.
Die Erde aber war Irrsal und Wirrsal.
Finsternis über Urwirbels Antlitz.
Braus Gottes schwingend
über dem Antlitz der Wasser.
Gott sprach: Licht werde! Licht ward.
Gott sah das Licht: das es gut ist.
Gott schied zwischen dem Licht
und der Finsternis.
Gott rief dem Licht: Tag!
und der Finsternis rief er: Nacht!
Abend ward und Morgen ward: Ein Tag.

(Genesis 1)

Das erste Wort, das der Schöpfer in die Finsternis des Anfangs spricht: Licht werde! Mitten hinein in die Verwirrung der Erde ruft Gott das Licht als Ursprung aller Ordnung, die erst das Leben möglich machen wird. Noch ist die ganze Erde bedeckt von den Wasserfluten, der Geist Gottes findet keinen Ort, wo er sich niederlassen könnte. Eine Szene, die an die Geschichte des Noach erinnert: Aus der Arche, die auf den Wellen der Sintflut schaukelt, wird er eine Taube aussenden, um herauszufinden, ob schon irgendwo wieder Land zu finden, ob neues Leben möglich sei.

Am Anfang macht erst das Licht es möglich, daß nach und nach die Welt des Menschen zum Vorschein kommt: der Unterschied zwischen Himmel und Erde, die Pflanzen der Erde, die Zeichen der Zeit in Sonne, Mond und Sternen, die Tiere des Wassers, die Tiere des Landes und schließlich der Mensch selbst als die Krönung der Schöpfung, die Gott sehr gut heißt.

Wichtiger für den Menschen scheint so das Licht zu sein, wichtiger als die Finsternis. Und doch lassen sich Licht und Finsternis nicht voneinander trennen. Beide haben ihren ganz eigenen Ort in der Schöpfungsordnung Gottes, die gerade erst durch ihr verbundenes Unterschiedensein zum Lebensraum des Menschen wird.

Das Licht ist dabei ganz unabhängig von der Sonne; der Erzähler der Schöpfungsgeschichte denkt da anders als wir heutigen Menschen. Die Sonne ist nicht der Ursprung des Lichtes, sondern ebenso wie der Mond ein Zeichen. Die Sonne ist ein Zeichen für den Tag, der Mond ist ein Zeichen für die Nacht. Sonne und Mond begründen nicht Tag und Nacht. Sie unterscheiden nur die Zeit des Lichtes am Tag und die Zeit der Finsternis in der Nacht. Im Licht des Tages scheint die Sonne, die größere der beiden Leuchten, brennend und heiß, in der Finsternis der Nacht der Mond, die kleinere der beiden Leuchten, milde und kühl. Der Anfang der Schöpfung durch den Gott des Lebens ist die Ordnung von Tag und Nacht, die Ordnung des Wechsels von Finsternis und Licht. Der Schöpfer ist der Herr über beide, wie es ein Psalmvers ausdrückt:

Dein ist der Tag,
dein auch die Nacht,
du, du festetest Geleucht und Sonne.

(Psalm 74)

Und in einem anderen Psalm, der das Wissen Gottes um den Menschen besingt, klingt es ähnlich:

Spräche ich: ‚Finsternis erhasche mich nur,
Nacht sei das Licht um mich her!',
auch Finsternis finstert dir nicht,
Nacht leuchtet gleichwie der Tag,
gleich ist Verfinsterung, gleich Erleuchtung.

(Psalm 139)

Und so kann sich Gott im Streite mit Ijob durch die Rede von der Herrschaft über das Licht als lebensbegründender Schöpfer vorstellen:

Wo warst du,
als ich die Erde gegründet?
Sag es denn, wenn du Bescheid weißt.
Wer setzte ihre Maße?
Du weißt es ja.
Wer hat die Meßschnur über ihr gespannt?
Wohin sind ihre Pfeiler eingesenkt?
Oder wer hat ihren Eckstein gelegt,
als alle Morgensterne jauchzten,
als jubelten alle Gottessöhne?
Wer verschloß das Meer mit Toren,
als es schäumend dem Mutterschoß entquoll,
als Wolken ich zum Kleid ihm machte,
ihm zur Windel dunklen Dunst,
als ich ihm ausbrach meine Grenze,
ihm Tor und Riegel setzte und sprach:
Bis hierher darfst du und nicht weiter,
hier muß sich legen deiner Wogen Stolz?
Hast du denn je in deinem Leben
dem Morgen geboten,
dem Frührot seinen Ort bestimmt,
daß es der Erde Säume fasse
und daß die Frevler von ihr
abgeschüttelt werden?
Sie wandelt sich wie Siegelton,
die Dinge stehen da wie ein Gewand.

(Hjob 38)

Mit der Morgenröte beginnt der Tag, die Zeit des Lichtes. Eine gute Stunde vor dem Aufgang der Sonne zeigt sich in Israel am Horizont das „Frührot", zuerst wie ein zartes Leuchten, dann schließlich sich ausweitend ein Streifen des Lichts den ganzen Horizont entlang. Es scheint so, als nähere sich das Licht des Tages von Ferne, wie auf Flügeln, die dabei helfen, lange Strecken zurücklegen zu können: „Erhübe ich Flügel des Morgenrots..." (Psalm 139). So wird es nur ganz allmählich hell und heller, „es wird immer heller bis zum vollen Tag" (Sprüche 4,18). Erst am vollen Tage lassen sich die Dinge erkennen, läßt sich das Gewand der Erde, die Pracht der Schöpfung als Lebenswelt des Menschen erkennen. Als Zeichen für den vollen Tag strahlt dann die Sonne auf, als Zeichen auch für jene, von denen die Lebenswelt des Menschen bedroht wird, die ihren Ort im Bereich der Finsternis haben:

> *Der den Mond gemacht hat für Gezeiten,*
> *die Sonne, die ihren Untergang kennt,*
> *bringst Finsternis du, und es wird Nacht,*
> *regt sich drin alles Waldgetier:*
> *die Jungleuen brüllen nach Raub,*
> *vom Gottherrn ihre Nahrung zu fordern, -*
> *strahlt die Sonne auf, ziehen sie heim,*
> *lagern sich in ihre Gehege,*
> *hervor kommt, an seine Arbeit, der Mensch,*
> *an seinen Dienst bis zum Abend.*
> *Wie viel sind deine Werke, DU!,*
> *alle hast du mit Weisheit gewirkt.*
>
> *(Psalm 104)*

Die Welt des Menschen ist ein Ort des Lebens und der Entfaltung, weil sie vom Licht erleuchtet wird, das die Finsternis der Unordnung ablöst. Dort, wo es licht wird, lassen sich die Konturen der Welt erkennen, läßt sich die Vielfalt der göttlichen Stufungen auf dieser Erde erkennen und gestalten.
Der Mensch, der mitten hinein gestellt ist in die Schöpfung, kann sie mit seiner Arbeit gestalten, die ein Dienst an der Schöpfung sein soll. Ein Dienst, den der Mensch seinem Schöpfer erweist, ein Dienst, der ihn verantwortlich macht für sein Tun. Er ist nicht der Herr über die Schöpfung, sondern, bei Lichte besehen, Geschöpf unter Geschöpfen. Und dennoch gibt es einen Unterschied zu den anderen Geschöpfen. Der Mensch ist derjenige, der im Lichte des Tages die übrige Schöpfung benennen kann, dem es wie Gott selbst möglich ist, eine Ordnung in diese Welt zu bringen. Der zweite Schöpfungsbericht, der ganz um den Menschen und sein Verständnis kreist, beschreibt dies im Bild der Namengebung:

> *ER, Gott, bildete aus dem Acker alles*
> *Lebendige des Feldes und allen Vogel des*
> *Himmels, und brachte sie zum Menschen, zu*
> *sehn, wie er ihnen rufe, und wie alles der*
> *Mensch einem rufe, als einem lebenden*
> *Wesen, das sei sein Name.*
> *Der Mensch rief mit Namen allem Herdentier*
> *und dem Vogel des Himmels*
> *und allem Wildlebenden des Feldes.*
>
> *(Genesis 2)*

Die helle Welt des Lichtes ist die Welt, die nach den Vorstellungen Gottes gestaltet ist. Das, was vom Licht erleuchtet wird, ist gut für den Menschen, hilft ihm, Frieden und Heil zu verwirklichen. Das, was vor dem Licht flüchtet, kann in seiner eigenwilligen Verdrehung nicht standhalten. Dieses Verstecken vor dem Licht der Wahrheit, zeigt an, daß die Beziehung zu Gott gestört ist. Auch dies beschreibt die Bibel in einer Szene des zweiten Schöpfungsberichtes, die von Adam und Eva erzählt, nachdem diese vom Baume gegessen hatten, gegen Gottes Weisung:

Sie hörten SEINEN Schall, Gottes, der sich
beim Tageswind im Garten erging.
Es versteckte sich der Mensch und sein
Weib vor SEINEM, Gottes, Antlitz mitten
unter den Bäumen des Gartens.

(Genesis 2)

Sie suchen den Schatten, die Dunkelheit der Bäume, um sich am lichten Tage vor ihrem Schöpfer zu verbergen. Gott selbst scheint es gewohnt zu sein, in seiner Schöpfung gelassen spazieren zu gehen, seinen Garten des Lebens zu genießen. Und doch zeigt sich hier der Bruch des Vertrauens zwischen Gott und den Menschen. Adam und Eva können und wollen dem Antlitz Gottes nicht begegnen, das ursprüngliche Vertrauen ist dahin. Und der weitere Verlauf der Erzählungen wird zeigen, daß der Bruch dieses Ur-Vertrauens immer weiter seine Kreise ziehen wird, zwischen einzelnen Menschen, zwischen Gruppe und Völkern, und schließlich die ganze Erde ins Verderben reißt. So steht schließlich die Finsternis für alles das im menschlichen Leben, was sich gegen das Leben verfehlt, was Bosheit, Sünde, Schuld Entfremdung heißt. Das Licht dagegen steht für gelingendes Leben, für ein Leben in Gerechtigkeit, Frieden und Einklang mit der Schöpfung. Ein Leben, das sich nicht so gestaltet, wie es der Wille Gottes ist, ist ein Leben in Finsternis. Als sich Israel eigensinnig in die Machtspiele der großen Mächte einmischt, ist es der Prophet Jesaja, der sich in die Politik der Könige störend und mahnend einmischt, der vor dem Untergang warnt. Im Exil nach der Zerstörung Jerusalems und des Tempels spricht er dann neuen Mut zu. Das Volk ist gefangen in Babylon, das Leben nach Gottes Weisung scheint fast sinnlos und unmöglich. Doch Jesaja sieht den Gottesknecht als ein Zeichen, daß Gott neues Leben schenkt, durch die Krise des Untergangs des Reiches Davids hindurch. Er sagt vom Gottesknecht:

So hat der Gottherr, ER, gesprochen,
der die Himmel schuf und sie spannte,
der die Erde breitete zusamt den aus ihr
Gesprossenen,
der dem Volk den Odem gab,
Hauch den sie Begehenden:
ICH rief dich an in Bewährung,
ich fasse dich an der Hand,
ich will dich verwahren,
ich will dich begeben
zu einem Volksbund,

zu einem Weltstämme-Licht,
blinde Augen zu erhellen,
aus dem Kerker Gefangne zu führen,
aus dem Hafthaus, die in Finsternis sitzen.
(Jesaja 42)

Das Volk, das im und durch den Bund mit dem Schöpfer lebt, erlebt diesen Bund in zwei Ausprägungen: Zum einen erlebt es die Treue und lebensstiftende Zuwendung seines Gottes, der das Volk aus der Verzweiflung des Exils in ein neues Leben führt, der einen neuen Anfang möglich macht, trotz aller Schuld, trotz allen Untergangs.
Zum anderen erlebt es sich selbst herausgefordert durch die Zumutung, als Volk ein Licht für die anderen Völker zu sein, den Widerschein des göttlichen Lichtes auf seinem Antlitz weiterzutragen in die ganze Welt hinein:

Erhebe dich,
werde Licht,
denn dein Licht ist gekommen,
SEIN Ehrenschein,
über dir ist er erstrahlt.
Denn da
hüllt die Finsternis noch die Erde,
Wetterdunkel die Nationen,
aber über dir strahlt ER auf,
sein Ehrenschein läßt über dir sich sehn,
Weltstämme gehen in deinem Licht,
Könige im Glanz deines Strahlens.

(Jesaja 60)

Am eigenen Leibe haben die Israeliten es erfahren, daß die Nähe zu Gott, die gelingende Beziehung zu ihm, ihr Leben licht werden läßt, daß dann ein Segen auf all ihrem Tun und lassen liegt. So formuliert es auch der Segen, der dem Aaron als erstem der Hohenpriester in den Mund gelegt wird:

Segne dich ER und bewahre dich,
lichte ER sein Antlitz dir zu und sei dir günstig,
hebe ER sein Antlitz dir zu und setze
dir Frieden!

(Numeri 6)

Das Antlitz Gottes zu sehen, im Licht zu leben, und so Frieden zu haben mit sich und der Welt, das ist die tiefe Sehnsucht der Menschen, auf die Gott in der Geschichte der Menschen immer neu geantwortet hat. Je mehr sich die Menschen gegenseitig mit ihren Ansprüchen und Machtspielen das Leben schwer machten, es einander raubten und sich gegenseitig zugrunderichteten, desto mehr wurde die Finsternis, der ungeordnete Bereich des Lebens, der nicht erkennbar nach Gottes Weisung ausgestaltet war, zu einem Bereich des Schreckens und der Bedrohung.
Die Zeit des Jesus von Nazareth war eine solche Zeit, die von seinen Zeitgenossen als Zeit der Finsternis erlebt werden konnte. Die Römer hielten das Land besetzt, Steuern und ungerechte Besitzverteilung lasteten auf der Bevölkerung, terroristische Rebellen und brutale Militäreinsätze puschten die Gewalt zwischen den Menschen hoch, religiöse Entfremdung und Unterdrückung nahmen zu.
Die Menschen sehnten sich, wieder einmal, nach einem Erlöser, einer Lichtgestalt, die sie aus dem Dunkel, aus der Finsternis in das helle Licht eines Lebens in Gerechtigkeit, Frieden und nach den Geboten des Schöpfergottes führen sollte. Viele traten auf in Israel, die sich als Strohfeuer erwiesen, die dem Gedächtnis längst entschwunden sind oder als skurrile Randnotizen der Geschichte weiterexistieren. Einer, dessen Erinnerung und Leben erhalten blieb, ist Jesus von Nazareth. Von ihm spricht der Evangelist Johannes:

Am Anfang: ER.
Am Anfang: Das Wort.
Und Das Wort war bei Gott.
Und was Gott war, war ER.
ER: Am Anfang bei Gott.

ER: das Leben.
ER: das Licht
für die Menschen.
Das Licht in der Nacht:
nicht überwältigt
von der Finsternis.

(Johannes 1)

Das Licht als Anwesenheit Gottes in der Welt der Menschen, als Ausdruck der Leben stiftenden Kraft des Schöpfers, nimmt Gestalt an in dem Menschen Jesus von Nazareth, in dem Gottes Nähe Fleisch geworden ist. Er selbst ist das Mensch gewordene Antlitz des Lebensspenders, das in die Welt der Menschen kommt, um in den wirren Zeiten des 1. Jahrhunderts unserer Zeitrechnung ihr wieder auf den Weg des Friedens zu helfen. Zacharias, der Vater des Täufers Johannes, besingt dieses Gotteshandeln als Wende im Schicksal der Welt, bei dem sein Sohn eine eigene Rolle spielt:

Und du, Kind,
wirst Prophet des Höchsten heißen,
denn du wirst vor dem Herrn einhergehen
und ihm den Weg bereiten.
Du wirst sein Volk
mit der Erfahrung des Heils beschenken
in der Vergebung der Sünden.
Durch die barmherzige Liebe unseres Gottes
wird uns besuchen
das aufstrahlende Licht aus der Höhe,
um allen zu leuchten, die in Finsternis sitzen
und im Schatten des Todes
und unsere Füße zu lenken auf die Pfade
des Friedens.

(Lukas 1)

Für die Jünger Jesu ist er der Ersehnte, der für einen neuen Anfang Gottes mit der Welt steht. Auf ihn richtet sich das Vertrauen, daß er die Erfüllung der Worte des Propheten Jesaja ist, die der greise Simeon im Tempel angesichts des kleinen Sohnes der Maria in den Mund nimmt, die Jesus als Licht der Heiden und Herrlichkeit für Gottes Volk Israel beschreiben.
Jesus selbst spricht im Johannesevangelium von sich als dem Licht der Welt, und seine Jünger sollen, erleuchtet von seinem Licht, seiner Nähe zu Gott, selbst ein Licht sein, selbst ein Hinweis auf den nahegekommenen Gott sein:

Ich bin das Licht,
ich bin der helle Glanz der Welt.
Ich mache sie leuchten,
und wer mir folgt, wird nie mehr in der
Dunkelheit sein,
weil er das Licht des Lebens hat.

(Johannes 8)

Mit dem Kommen des Jesus von Nazareth ist die Geschichte der Welt und der Menschen an einem entscheidenden Punkt angelangt. Der Apostel Paulus schreibt an die Galater:

Als aber die Fülle der Zeiten gekommen war,
sandte Gott seinen Sohn,
geboren von einer Frau,
gestellt unter das Gesetz,
damit er die unter dem Gesetz loskaufe,
damit wir als Söhne angenommen wurden.
(Galater 4)

Der Evangelist Markus läßt Jesus selbst ähnlich sprechen, ganz am Anfang seines öffentlichen Auftretens. Er läßt ihn ein Wort sagen, in dem sich seine ganze Botschaft als aufrüttelnder Weckruf bündeln läßt:

Erfüllt ist die Zeit,
und nahegekommen ist das Reich Gottes;
Erneuert euch
und glaubt an die Frohbotschaft!
(Markus 1)

Wieder und wieder hatte Gott durch Menschen zu Menschen gesprochen. Menschen, die seine Frohbotschaft vom Leben nach seinem Wort gehört hatten, sie sich von diesem Evangelium hatte ergreifen lassen. Und wieder und wieder war diese Rede vom Gott der Befreiung und Lebens-Ordnung in der Lebensgestaltung der Menschen vom Lärm ihrer Welt übertönt worden. Wieder und wieder konnte sich die Finsternis des von Menschen gebrochenen Gottesbundes über die Menschen decken und sie vom aufrechten Blick auf das Licht Gottes fernhalten. Nun, in der Fülle der Zeit, in der Zuspitzung der Krise, der Zeit der Entscheidung, setzt Gott selbst neu an. Er läßt nicht nur von sich hören, er läßt sich leibhaftig erfahren in dem Menschen Jesus von Nazareth, seinem Sohn, in dem er selbst Gestalt annimmt inmitten seiner Schöpfung. In der Begegnung mit ihm ereignet sich für jeden einzelnen Menschen, für jeden und jede auf ganz eigene Art, das Gericht der Unterscheidung von Tod und Leben. Im Nachtgespräch mit Nikodemus, einem Gespräch über Licht und Leben inmitten der Finsternis der Nacht, redet Jesus davon, daß nun die Zeit der Entscheidung da ist. Jetzt entscheidet sich, ob jemand ein Geburtsrecht hat für das Leben oder für den Tod, welcher Ordnung er zugehörig ist:

Entscheidung, Gericht, Urteil:
Das Licht kam in die Welt,
aber die Menschen liebten die Dunkelheit
mehr als das Licht,
denn sie waren verstockt,
und ihre Taten richten sie.
Jeder Mensch, der Böses tut,
haßt das Licht und bleibt im Dunkel,
weil er sich ängstigt,
seine Taten könnten,
in der Helle des Tags,
aufgedeckt werden.
Wer aber die Wahrheit tut,
tritt ins Licht,
damit offenbar wird,
daß seine Werke in Gott sind.
(Johannes 3)

So wie die Heilige Schrift als Zeugnis vom Bund Gottes mit den Menschen ihren Anfang mit dem Ruf nach Licht nimmt, so endet sie für die Christen mit einer Vision des Lichtes, der Vision des himmlischen Jerusalem als Bild der Vollendung. Die Worte der Apokalypse des Johannes wollen ein Trostwort sein. Ein Trostwort für die Männer und Frauen, die sich durch die Begegnung mit dem Sohn Gottes, mit der Nähe des Schöpfergottes, haben verändern lassen. Ein Trostwort für Männer und Frauen, die sich dem lichten Leben des Jesus von Nazareth haben angleichen wollen. Ein Trostwort für die Männer und Frauen, die mit ihrem Leben nach Gottes Ordnung in Konflikt geraten mit den Ordnungsmächten der Welt, einer Welt ohne Gottes-Nähe und im Banne der Vergötzung leichter faßbarer Mächte. Ihnen sagt Johannes das endgültige Eingreifen Gottes zu, die Antwort Gottes auf ihr Vertrauen:

Ich sage Dir, und das ist wahr:
Gott hat sein Zelt aufgeschlagen
unter den Menschen.
Und er wird mit ihnen wohnen,
und sie werden sein Volk sein,
und Gott selbst ist bei ihnen
und wird abtrocknen die Tränen
in ihren Augen,
und Tod wird nicht mehr sein
und auch kein Weinen, keine Trauer,
keine Mühsal mehr:
denn die alte Zeit ist vergangen.
Ich sage Dir, und das ist wahr:
Neu mach ich alles.

(Apokalypse 21)

Als Sinnbild der Vollendung steht in der Apokalypse die Stadt Gottes vor Augen. Ein Ort, an dem unbedroht nach dem Willen Gottes sich das Leben gestalten kann, ein Ort, an dem jeder Mensch Platz findet, der sich in das Licht des Lebens hineinstellen läßt, der ohne Scheu vor das Antlitz Gottes hintritt, mit seinem ganzen Leben. Von dieser Stadt, die als Krönung der neuen, erneuerten Schöpfung beschrieben wird, heißt es:

Und ich sah
einen Neuen Himmel und sah
die Erde, die neu war;
denn vergangen ist
der erste Himmel,
vergangen die erste Erde,
und auch das Meer ist nicht mehr.
Gesehen habe ich die Neue Stadt,
das Heilige Jerusalem,
herabgesunken,
von Gott gesandt
aus den Himmeln
und geschmückt wie eine Braut,
eingetaucht in den Glanz
und die Anmut und die Herrlichkeit Gottes.
Wie der kostbarste Stein erstrahlt die Stadt:
kristallen leuchtend
wie der Jaspisstein.
Einhergehen werden die Völker
– alle! –
im Glanz dieser Stadt,
und die Könige der Erde
bringen ihre Schätze mit,
wenn sie ins Heilige Jerusalem kommen,
die Stadt des Herrn,
deren Tore offenstehen
in der Heiligkeit von Morgen zu Morgen;
denn Nacht wird nie mehr hier sein;
nur funkelnde Schätze
und die Pracht unter den Himmeln
wird versammelt sein
in einer einzigen Stadt.
Zutritt haben allein
die Frommen,
deren Namen geschrieben steht
im Buch des Lebens, im Buch des Lammes.

(Apokalypse 21)

Exsultet – Licht der Osternacht

Mit dem elften Stundenschlag setzt sich die Prozession der Mönche in Bewegung. Weiß gekleidet ziehen sie hinter dem Kreuz schweigend in die Dunkelheit dieser Nacht hinaus. Nach einigen Minuten langsamen Weges kommen sie zum Labyrinth, das mit weißen Steinen in den Platz vor der Abteikirche eingezeichnet ist. Im Halbrund umstehen sie es schweigend. In der Mitte des Labyrinths wird ein Feuer entzündet. Langsam frißt es sich, knackend und knisternd, durch die aufgehäuften und lodert empor.
Jetzt bricht die Stimme des Abtes das Schweigen. Er spricht davon, daß dies die Nacht ist, in der Christus vom Tode erstanden und zum Leben hinübergegangen ist. Das ist der Grund, warum überall auf der Welt heute Christen in der Nacht zusammenkommen, um ihr neues Leben zu feiern.
Dann spricht er einen Segen über das Feuer:

Allmächtiger, ewiger Gott,
du hast durch Christus allen,
die an dich glauben,
das Licht deiner Herrlichkeit geschenkt.
Segne dieses neue Feuer,
das die Nacht erhellt,
und entflamme in uns die Sehnsucht
nach dir,
dem unvergänglichen Licht,
damit wir mit reinem Herzen
zum ewigen Osterfest gelangen.

Währenddessen sitzen in der dunklen Abteikirche, in der keine Kerze, kein Licht brennt – denn auch die letzte Leuchte ist mit dem elften Glockenschlag erloschen – viele Menschen, die gekommen sind, das Licht des neuen Lebens zu feiern.

Fast eine viertel Stunde sitzen sie in der Finsternis und warten darauf, daß die Osterkerze ihren Einzug hält in diese Kirche. Sie sehen nichts von dem, was draußen geschieht. Auch die Worte des Segens und der Bezeichnung der Kerze dringen nicht zu ihnen hinein. Nur dann, wenn das Osterfeuer hell auflodert, spielt ein Abglanz seiner Feuerpracht hinein in den Kirchenraum und spiegelt sich auf dem goldfarbenen Corpus des Kreuzes über dem Altar. Nun wird draußen die Osterkerze am Osterfeuer entzündet:

Christus ist glorreich auferstanden vom Tod.
Sein Licht vertreibe das Dunkel der Herzen.

Danach wird sie allen voran getragen und hält Einzug in die Kirche. Nur zaghaft ist ihr Flackern auf der Backsteinmauer zu erkennen; das Kreuz wirft einen eigenartigen Schatten auf die Wand des Altarraumes. Überraschend, wie hell eine einzelne Kerze nach Minuten der Dunkelheit in diesem Raum wirken kann, wo sich nun die Menschen von ihren Bänken erheben

und erwartungsvoll dem Portal hinten in der Kirche zuwenden! Da ertönt auch schon der Ruf, auf den sie gewartet haben:

Lumen Christi! (Licht Christi)

Und laut und aus ganzem Herzen ertönt ihre Antwort:

Deo gratias! (Dank sei Gott)

Christus, das Licht, hält Einzug in die Versammlung seiner Kirche, und Männer und Frauen, Kinder und Alte, Gesunde und Kranke, Fromme und Zweifler danken Gott dafür, daß er kommt.

Zweimal noch ertönen Ruf und Gegenruf, jedesmal entzünden sich mehr Kerzen, breitet sich das Licht, das Christus in diese Welt gebracht hat, zu mehr Menschen aus. Schließlich brennen alle Kerzen, die von den Versammelten in ihren Händen gehalten werden. An den Wänden der Kirche brennen die zwölf Kerzen, die an die Apostel erinnern, mit denen Jesus seinen Weg nach Jerusalem und in den Tod gegangen ist,

die seine Auferstehung verkündet haben. Allein der Altarraum liegt im Dunkel und wird nur schemenhaft von der flackernden Osterkerze erhellt, die nun ihren Platz am Ambo erhält, wo sie bis zum Pfingstfest brennen wird, ohne zu erlöschen.
Gespannt blicken alle zu ihr auf, freuen sich am Licht der Kerzen und an ihrem Widerschein auf den Gesichtern der Nachbarn. Die Kirche scheint heller zu sein als an Tagen mit Sonnenschein, Kerzen haben ein ganz anderes Licht, es ist warm und bergend, signalisiert Schutz und Nähe, Frieden und Gelassenheit.
Nun tritt der Diakon mit Weihrauch zur Osterkerze, läßt den Wohlgeruch an ihr entlang aufsteigen und sich in der ganzen Versammlung verbreiten. Dann erklingt das große Osterlob, das Exsultet, das die Osterkerze an Gott übereignet, damit sie durch seine Kraft allen Menschen ein Zeichen der Erlösung sei, die sich in der Nacht ereignet hat, in der Christus vom Tode erstanden ist.

Frohlocket,
all ihr himmlischen Chöre der Engel.
Frohlocket, ihr dienenden Scharen.
Töne hell, Posaune des Heiles,
künde den Sieg,
da Christus vom Tode erstanden.
Frohlocket, ihr Fluren der Erde
im Licht des ewigen Königs.
Taghell leuchten alle Gefilde,
Nacht und Finsternisse mußten weichen.
Frohlocke auch du,
Mutter Kirche,
vom Glanz der Sonne umkleidet.
Töne wieder, heilige Halle,
töne von des Volkes mächtigem Jubel.
O wahrhaft selige Nacht,
die als einzige weiß
um die Zeit und die Stunde,
da Christus, der Herr,
aus der Tiefe des Todes emporstieg.
Dies ist die Nacht, von der uns gesagt ist:
‚die Nacht ist hell wie der Tag' und
‚die Nacht ist mir Leuchte
zu meiner festlichen Freude'.
Diese heilige, im Gnadenglanz
strahlende Nacht vertreibt alle Bosheit,
wäscht alle Schuld,
gibt den Gestrauchelten Stand,
den Weinenden Freude.
Machtvoll vertreibt sie den Haß.
Darum bitten wir dich, o Herr:
Diese Kerze hier,
geweiht zum Ruhm Deines Namens,
vertreibe die Nacht und das Dunkel
und möge nimmer verlöschen.
Sie brenne vor Dir als duftende Gabe,
sie brenne vor Dir mit den Sternen am Himmel,
bis ihr der Morgenstern leuchtend begegnet.
Jener helle, strahlende Morgenstern,
der aus der Todestiefe emporstieg,
der den Menschen voll Klarheit erscheint
und nimmermehr untergeht.

Licht der Weihnacht

Nach den tristen Tagen des November, durchzogen von feuchten Nebelschwaden und kalten Winden, nähert sich langsam die längste Nacht des Jahres. Dunkelheit prägt mein Lebensgefühl in dieser Zeit viel stärker, als es mir lieb ist. Schwere Gedanken belasten Kopf und Herz. Dunkel getönt sind meine Gefühle, aber mir fehlt die Begeisterung, die in früheren Zeiten die Menschen ergriff, als die Tage nach der längsten Nacht des Jahres dann doch wieder länger wurden, wenn doch wieder das Licht über die bedrückende Dunkelheit den Sieg davontrug.

Diesen Sieg der Sonne über die Nacht feierten die Römer nach dem Willen des Kaisers Aurelian seit dem Jahre 274 am 25. Dezember, einige Tage nach der Wintersonnenwende, wenn es an dem neuen Aufgang des Lichtes keinen Zweifel mehr gab. Die „unbesiegbare Sonne" als Sonnengott stand im Zentrum des Festes, mit dem sich in Wirklichkeit der unbändige Lebens-Wille der Menschen selbst feierte.

Die Christen selbst feierten in den ersten Jahrhunderten den Sieg des Lebens an Ostern; Weihnachten als Fest der Geburt des Jesus von Nazareth, als Beginn der Erlösung, als Feier des Kommens Gottes in diese Welt gab es nicht. Erst nach und nach wurde für die Kirche von Rom das römische Fest des Sonnengottes der Tag, an dem sie ein Fest mit neuem Inhalt feierte: die Geburt ihres Herrn, den sie als Sonne der Gerechtigkeit über dieser Welt aufgehen sah. Der Prophet Maleachi, in der christlichen Ordnung des Alten Testaments der letzte der Propheten, hatte für das Kommen Gottes zum Gericht Worte gefunden, die nun für eine neue Deutung dieses Tages wichtig wurden:

Darüber redeten die miteinander, die den
Herrn fürchten.
Der Herr horchte auf und hörte hin,
und man schrieb vor ihm in ein Buch,
das alle in Erinnerung hält,
die den Herrn fürchten und seinen
Namen achten.
Sie werden an dem Tag, den ich herbeiführe
- spricht der Herr der Heere -
mein besonderes Eigentum sein.
Ich werde gut zu ihnen sein,

wie ein Mann gut ist zu seinem Sohn,
der ihm dient.
Dann werdet ihr wieder den
Unterschied sehen
zwischen dem Gerechten
und dem, der Unrecht tut,
zwischen dem, der Gott dient,
und dem, der ihm nicht dient.
Für euch aber, die ihr meinen Namen fürchtet,
wird die Sonne der Gerechtigkeit aufgehen,
und ihre Flügel bringen Heilung.
(Maleachi 3,16-18.20)

Worte, die mich stets neu irritieren, gerade angesichts der oberflächlichen Süßlichkeit, die sich Jahrhunderte später in unseren Tagen am Weihnachtsfest ausgebreitet hat: Gerechtigkeit, Gericht, eine Unterscheidung zwischen denen, die richtig handeln, und denen, die falsch handeln. Entnommen einer Szenerie, die noch weitaus schärfer vom Untergang der Bösen und dem heilvollen Leben der Gerechten spricht, als es in diesem Abschnitt anklingt.

Feiern wir das falsche Weihnachtsfest, das sich mit Weihnachtsbäumen, Plätzchen, Geschenkbergen und gefühlsseligen Liedern vor das Geheimnis dieses Festes geschoben hat? Ist Weihnachten nicht das Fest der Familie, wo Frieden und Eintracht das gemeinsame Mahl prägen, wenn die in alle Winde zerstreuten Kinder und Eltern zusammenkommen – wenigstens einmal im Jahr! –, wenn die Alten besucht werden, die Kinder beschenkt?

Das Licht von Weihnachten – der Widerschein des gemütlich wärmenden Kaminfeuers?

Nein, das ist es wohl nicht, was die Christen an Weihnachten feiern können.

Herr, unser Gott,
in dieser hochheiligen Nacht
ist uns das wahre Licht aufgestrahlt.
Laß uns dieses Geheimnis
im Glauben erfassen und bewahren,
bis wir im Himmel
den unverhüllten Glanz deiner
Herrlichkeit schauen.

So lautet das Gebet der Weihnachtsnacht, in der die Geburt Gottes als Mensch gefeiert wird: die Freude über das wahre Licht, das in der Lesung aus dem Propheten Jesaja gedeutet wird: als ein Licht von Befreiung aus der Fremde, als ein Licht, das zurückkehren läßt in die Stadt des Friedens, nach Jerusalem.

Hirten, die um ihr tägliches Überleben kämpfen, sind darum auch die ersten, an die sich die Botschaft von der Ankunft Gottes wendet. Ihnen erscheinen auf dem Felde Engel, die im Glanze himmlischen Lichtes von Geburt und Erlösung sprechen.

Der Kern der Botschaft: Der Anbruch des Gottesreiches, der Beginn von Freiheit und Gerechtigkeit für alle Menschen, die sich auf die Wege Gottes einlassen wollen:

Frieden auf Erden den Menschen seiner Gnade.

Gott ist Mensch geworden, in Jesus von Nazareth, in dieser Welt bis heute. Und es steht nicht die historische Gedenkfeier im Mittelpunkt. Mit diesem Fest soll etwas in der Welt sich verändern, weil dieser spezielle Geburtstag für die Erscheinung Gottes in dieser Welt steht. In der Antike sprach man von der Epiphanie, der Erscheinung eines Herrschers, wenn er zum ersten Mal als regierender Herrscher in seine Stadt, in sein Land kam. Denn er verkörpert für die von ihm Beherrschten ihre Sehnsucht nach Gerechtigkeit, nach Frieden, nach Wohlergehen in einem guten und tragenden sozialen Gefüge. Und so redete die frühe Kirche auch von der Epiphanie Gottes in der Geburt des Jesus von Nazareth, so daß die Ostkirche bis heute ihr Weihnachten am 6. Januar, am „Fest der Erscheinung des Herrn" feiert. Und auch die Orientalen konnten hier an ein Fest anknüpfen, das ursprünglich zu einem Sonnengott gehörte: in der Nacht vom 5. auf den 6. Januar feierte man in Ägypten die Geburt des Gottes Aion aus der Jungfrau Kore, am Tag selbst schöpfte man dann heilbringendes und lebenspendendes Wasser aus dem Nil. Die sinnvolle Verbindung von Sonne und Wasser war die Grundlage des Lebens, ermöglichte sie doch die fruchtbare Nutzung des Bodens im Ackerbau.
Am gleichen Tag feiert die Ostkirche bis heute auch die Taufe des Herrn im Wasser des Jordan, denn in ihr zeigte sich deutlich, daß Gott zu Jesus von Nazareth „Ja" sagt, sein Leben bejaht und für die anderen Menschen bedeutsam sein läßt: „Dieser ist mein geliebter Sohn, auf ihn sollt ihr hören!"

Die Rückbesinnung auf die Wurzeln und den Hintergrund des Weihnachtsfestes in Ost und West, jenseits aller Krippenromantik und allen Geschenkerausches, kann aber nur auf ganz leisen Wegen vonstatten gehen. Denn auch Gott kommt an Weihnachten unerwartet und unaufdringlich leise in diese Welt hinein. Er ist in Jesus von Nazareth nicht als verzehrender Feuerbrand erschienen, sondern läßt sich eher in dem zaghaften Licht der Kerzen des Adventskranzes sehen, die für das Warten auf sein Kommen stehen. Er läßt sich erahnen in den stillen Momenten der frühm orgendlichen Rorate-Messen, die in den Tagen des Advent gefeiert werden. Sie rufen danach, daß Gerechtigkeit komme, vom Himmel her und aus den Tiefen der Erde, weil auf Erden selbst keine Gerechtigkeit, höchstens Recht und Gesetz zu finden sind:

Rorate caeli desuper,
et nubes
pluant iustum:
aperiatur terra
et germinet Salvatorem.

Tauet ihr Himmel von oben,
ihr Wolken,
regnet herab den Gerechten:
die Erde tue sich auf
und bringe hervor den Erlöser.

Im 17. Jahrhundert hat Friedrich Spee angesichts der Nöte seiner Zeit Worte gefunden, die den drän-

genden Wunsch, die Sehnsucht nach dem Kommenden artikuliernen:

O Heiland, reiß die Himmel auf.
Reiß ab vom Himmel Tor und Tür,
reiß ab, wo Schloß und Riegel für.

O Erd, schlag aus, schlag aus, o Erd,
daß Berg und Tal grün alles werd.

Wo bleibst du, Trost der ganzen Welt,
darauf sie all ihr Hoffnung stellt?

O klare Sonn, du schöner Stern,
dich wollten wir anschauen gern;
o Sonn, geh auf,
ohn deinen Schein,
in Finsternis
wir alle sein.

Licht der Poesie

Von der Dunkelheit

Es gibt zwei Arten von Dunkelheit. Da ist einmal jene Dunkelheit, die das Licht kennt, die meistens wie ein Gegensatz zum Licht erlebt wird. Das ist die Sehnsucht, die ihre Richtung weiß und die ihr Ziel ahnt.
Die Sehnsucht, das ist die Botin der Seele, ein Leitfaden in der Erinnerung, vielleicht kann man auch sagen in der „Ver-Innerung". Licht und hell erscheint sie. Und weil sie dieses Licht- und Hellsein in der Welt vermißt, will sie bis an die Grenzen gehen. Sie will über alles Gewußte und über alles Sichere hinaus.
Menschen, die in ihrem Inneren dieses Licht verspüren oder vielleicht auch nur vage ahnen, sie sind unruhig im Herzen; und sie suchen das Licht in der Verzweiflung der Finsternis und in einem vertrauensvollen Glauben an das Licht, das zwar nicht immer offensichtlich ist, aber doch verdeckt aufscheint. Die Sucher ziehen aus, verlassen das Be- und Gewohnte und wagen den Gang ins Ungewisse, weil dort manchmal das Licht des inneren Herzens leichter sein weltliches Gegenstück findet. Denn das scheint sicher zu sein: Es gibt in der Welt – und auch in der Gottesfinsternis unserer Tage – immer wieder Orte und Zeiten von Licht und Erleuchtung.
Doch wenden wir uns auch jener anderen Dunkelheit zu, die das Licht überhaupt nicht kennt.
Manche meinen, daß sie der Dunkelheit einer hoffnungslosen Verzweiflung gleichen müsse. Doch das stimmt so nicht, denn die Tiefe von Welt und Mensch ist gerade der Kraftort, an dem der Glaube und die Hoffnung und jene Kraft geboren werden, die wir Liebe nennen. Obwohl innerlich eins, zeigen diese Kräfte in unserer Welt so unterschiedliche Wirkungen, machen ihr Buntsein aus.
In dieser Tiefe und geschützt von der Dunkelheit der Erde werden die Kristalle geboren. Dort öffnen sich die Samenkörner und empfangen die erste Lebenskraft. Auch für uns Menschen ist das früheste Lebensstadium die Dunkelheit des liebenden Getra-

genseins in einer schützenden Höhle aus Geborgenheit. Leider kann niemand sicher beschreiben, wie diese Dunkelheit aussieht. Denn Urerfahrungen bleiben letztlich im Jenseits, aber sie wirken in unserer Lebenswelt.

Vielleicht ist auch das Geheimnis Gottes im Bild einer wachen Dunkelheit zu ahnen.

Nelly Sachs vergewissert das in ihrer lyrischen Sprache so:

Am Abend weitet sich dein Blick
sieht über Mitternacht hinaus –
doppelt bin ich vor dir –
grüne Knospe, die aus vertrocknetem
Kelchblatt steigt,
in dem Zimmer darin wir zwei Welten
angehören.
Du reichst auch schon weit über die Toten,
die hiesigen.

Weißt um das Aufgeblühte
aus der rätselumrindeten Erde.

Wie im Mutterleib das Ungeborene
mit dem Urlicht auf dem Haupte
randlos sieht
von Stern zu Stern -
So fließt Ende zu Anfang
wie ein Schwanenschrei.
Wir sind in einem Krankenzimmer.
Aber die Nacht gehört den Engeln!

Vom Licht

Das Licht selbst ist nach der Urfinsternis aus Gottes Wort geschaffen. Trotzdem kann es noch in der Finsternis sein, gleichsam „unvermischt und ungetrennt". Licht und Finsternis scheinen also kein Gegensatz zu sein. Das eine muß das andere nicht ausschließen, um selbst sein zu können. Hell und Dunkel liegen noch nicht in jenem Streit, der das menschliche Denken beschäftigt. Noch besteht ein Urfriede der Gegensätze, ein Miteinander.
Erst Gott scheidet Licht von Finsternis. In Gottes Wort gibt es hier kein Werturteil: Denn das Dunkel war und Gott ließ es so sein. Er veränderte es nicht. Licht schuf er in Finsternis hinein. Beide, das Helle wie das Dunkle, bleiben Geschwister im Horizont der göttlichen Gutheißung. Die Unterscheidung zeigt uns Menschen nur, was wir selber sein können. Der Unterscheidung entspringt Licht und Dunkel des Verstandes.

Auf unser ganzes menschliches Wesen bezogen, meint das aber auch die Scheidung in den dunklen Urgrund der Seele und in das Licht des Lebens. Die Trennung bewirkt Klarheit, und sie erst läßt die Übergänge bewußt werden. Das Licht der Welt wurzelt in der Seelentiefe. Und was nach außen glänzt, hat sein Fundament in der Dunkelheit eines gebärenden Gottesherzens. Wir sind berufen, die Trennung zwischen Licht und Finsternis zu ahnen. Und wissend um das Lebensgeheimnis, das aus Licht und aus Finsternis gewebt ist, kann die ganze Schöpfung im Licht einer Gott ebenbürtigen Herrlichkeit glänzen. Dieser Gedanke setzt Licht und Dunkel in eine weitere Spannung des Übergangs von „schon" und „noch nicht". Ahnung des aufgehenden Lichtes meint Vorfreude und Erfüllung in einem. Das jedoch verweist diese endliche Welt über sich selbst hinaus, hinein in eine Wirklichkeit, die allein der Sehnsucht bewußt ist.

Und wickelt aus, als wärens Linnentücher,
darin Geburt und Tod ist eingehüllt,
Buchstabenleib, die Falterpuppe
aus grüner, roter, weißer Finsternis
und wickelt wieder ein in Liebesleiden
wie Mütter tun; denn Leiden ist Versteck
fürs Licht.

Doch während er wie Sommer oder
Winter handelt,
schwebt schon Ersehntes, sehnsuchtsvoll
verwandelt.

Von der Vorfreude

Im Geheimnis von Licht und Dunkel wird der Mensch berufen, die Welt zu begreifen und aus diesem Verstehen zu gestalten. Dazu ist der Sucher mit einer besonderen Qualität ausgestattet, die die Spannung von Vergangenheit und Zukunft auszuhalten weiß.
Es gibt eine Freude, die noch nicht hat, die noch nicht festhalten muß. Noch bleibt ihr die Geste des Klammerns und Erstarrens erspart, denn ihre Hände sind noch leer. Noch muß sie sich nicht anstrengen und nichts trübt sie, nicht einmal die Angst des Verlustes, denn die Vorfreude ist arm und ihr Lichtschein noch lauter und demütig. Das bedeutet für sie keine Anstrengung. Wohl muß sie sich mit dem Warten anfreunden, mit der Geduld und der Ausdauer; und auch die Dunkelheit ist ihr sicher verwandt. Angetrieben von der Sehnsucht nur eines Lichtscheines, ist sie

eine Lebenskraft aus dem Innen des Menschen. Das Licht echter Vorfreude strahlt nicht, ist in diesem Sinn nichts öffentliches. Auch vom Triumph läßt es sich nicht verleiten. Sondern diese Form der Helligkeit kann sich im Schatten der Dunkelheit, in den Gemächern der Träume und Visionen das Haus bauen. Vorfreude ist innerlich, aber doch auf etwas von außen herkommendes ausgerichtet. In der Hoffnung auf das Kommende ist sie selber Zukunft. Das gibt ihr Halt und eine gewisse Wirklichkeit. Und dennoch ist die Vorfreude nicht im Gestus des Habens, in der Gebärde des Verteidigens zu Hause, sondern sie bewahrt etwas von der empfangenden Offenheit, von Hoffnung, Glaube und von der Kraft der Liebe.

Der Gott, der sich nach der Heimkehr seines Menschen sehnt, er ist ein Gott der Vorfreude. Er kommt mit einer Helligkeit auf uns zu, die zwar gedämpft zu sein scheint, aber gerade darin sich dem menschlichen Maß anschmiegt. Der Mensch soll nicht verbrennen, sondern das Licht der göttlichen Verheißungen erscheint zart und verhalten. Er kommt werbend auf uns zu. Und darin bereitet er uns den Weg und macht unsere Herzensstraßen eben. Denn Empfangen ist keineswegs Ruhen, es ist ein Tun, im Grunde tätig und beweglich.

O du weinendes Herz der Welt!
Zwiespältig Samenkorn
aus Leben und Tod.
Von dir wollte Gott gefunden werden
Keimblatt der Liebe.

Bist du verborgen in einer Waise,
die am Geländer des Lebens
schwer sich stützend weitergeht?
Wohnst du bei ihr, dort
wo der Stern sein sicherstes Versteck hat?

O du weinendes Herz der Welt!
Auch du wirst auffahren,
wenn die Zeit erfüllt ist.
Denn nicht häuslich
darf die Sehnsucht bleiben
die brückenbauende
von Stern zu Stern!

Von der Erfüllung

Erfüllung und Verheißung gehören einander. Und bezüglich des Inhalts sind sie sogar gleichgeboren. Und doch scheinen sie sich weit von einander zu entfernen, nimmt man einmal die Zeiträume, die sich zwischen Erfüllung und Verheißung auftun können. Je umfassender das Licht einer Verheißung aufstrahlt, desto älter muß die Verheißung werden.

Oft müssen die Herzen vieler Generationen sie reifen lassen, bis sich Erfüllung schenkt.

Letztlich entspringt jede Verheißung aus der Hoffnung, daß es gut sei und gut werde und berührt so die Sehnsucht nach Erfüllung im Grunde des Menschseins. Erfüllung meint dann nicht Dingliches, das Horten von Erfolg oder jenes Vermessen der Welt, das wir Wissen nennen. Erfüllung meint hier mehr als

das Wort sagen kann. Es ist die Sehnsucht und das Bestreben innerlich und äußerlich eins zu werden, die Widerstreite auszusöhnen.
Erfüllung ist Heimkehr der entfremdeten Seele, Hoffnung der wandernden Weltzeit. Sie bleibt kostbar und flüchtig. Erfüllung ist mehr; wie wenn in einem leeren Raum eine Kerze brennt, die von selbst mit dem Licht der Freude erfüllt, ohne zu drücken oder Platz zu besetzen. Sie schmiegt sich der Realität an und läßt sie in einem ungeahnten Licht erscheinen. Eben nicht zu machen, nicht zu halten, unerzeugt klopft sie zu ihrer Zeit an. Erfüllung stellt sich von woandersher ein und ihre Mitte ist im Grunde Gebet des Herzen. Darin kann Erfüllung gelungene Zukunft ebenso einfordern, wie geheilte Vergangenheit. Ihr letzter Ursprung ist das Gott-Mensch-Verhältnis vor aller Zeit. Sie kommt aus jener Ewigkeit und leitet uns fort dorthin.

Erfüllung sehnt sich nach dem Seelenlicht, das einmal geschaut im Ursprung heimleitet. Der Mensch wird dann zum Gast auf dieser Erde, dem der suchende Gott ein Licht aufstellt.

Wenn der Atem die Hütte der Nacht
errichtet hat und ausgeht
seinen wehenden Himmelsort zu suchen
und der Leib der blutende Weinberg
die Fässer der Stille angefüllt hat
die Augen übergegangen sind
in das sehende Licht
wenn ein jedes sich in sein Geheimnis
verflüchtigte
und alles doppelt getan ist –
Geburt
alle Jakobsleitern der Todesorgeln
hinaufsingt dann
zündet ein schönes Wettergeleucht
die Zeit an –